제발돼라

138만 구독자를 보유한 생물 관찰 크리에이터예요. 사마귀, 벌, 나비 같은 곤충부터 포유류와 양서류까지 우리 주변에서 볼 수 있는 다양한 생물을 관찰하는 재미있고 유익한 콘텐츠를 만들고 있답니다. 제발돼라를 상징하는 '친구가 되는 과정' 시리즈는 각 곤충에 대한 풍부한 정보를 담고 있어, 곤충 탐구 길라잡이로 손색이 없다는 평을 듣고 있어요. 이제 유튜브 채널을 넘어 도서를 통해 생물에 대한 무한한 관심과 애정, 그리고 지식을 대중에게 알리고자 해요.

제발돼라
엉뚱한 곤충 사전

초판 1쇄 인쇄 2024년 3월 19일
초판 1쇄 발행 2024년 3월 29일

발행인 심정섭
편집인 안예남
편집팀장 이주희
편집 김정현
제작 정승헌
브랜드마케팅 김지선
출판마케팅 홍성현, 경주현
디자인 design S

발행처 ㈜서울문화사
등록일 1988년 2월 16일
등록번호 제2-484
주소 서울시 용산구 새창로 221-19
전화 02-799-9184(편집) | 02-791-0752(출판마케팅)

사진출처 셔터스톡 60쪽, 61쪽, 90쪽, 91쪽, 116쪽, 117쪽, 152쪽, 153쪽

ISBN 979-11-6923-276-0
ISBN 979-11-6923-275-3 (세트)

ⓒ 제발돼라 PleaseBee. All Rights Reserved.

※ 본 제품은 ㈜서울문화사에서 제작, 판매하므로 무단 복제 및 판매를 금합니다.
※ 잘못된 제품은 구입처에서 교환해 드립니다.

차례

프롤로그   8

1장 곤충들의 별별 한살이

- 1화 **배추흰나비**가 날갯짓을 하기까지 일어나는 일!   16
- 2화 꿈틀꿈틀 땅 밖으로 나와라, **장수풍뎅이**!   34
- 3화 **왕잠자리** 애벌레는 물속에서 산다고?   46
- 제발돼라 지식 쑥쑥 곤충 사전   60
  - 초등 과학 3-1 생물의 한살이

2장 곤충들의 식사 시간

- 4화 **호박벌**에게 꿀을 주면 생기는 일!   64
- 5화 **호랑거미**는 어떻게 사냥을 할까?   76
- 6화 소고기와 생선회를 먹는 **왕사마귀**가 있다고?   86
- 제발돼라 지식 쑥쑥 곤충 사전   90
  - 초등 과학 3-1 동물의 생활

3장 아주 특별한 곤충들의 하루

- 7화 개미는 어떻게 이사를 할까? ... 94
- 8화 스마트폰 게임을 하는 왕사마귀가 있다고? ... 106
- 9화 말벌의 꿀잠을 지켜라! ... 112
- 제발돼라 지식 쏙쏙 곤충 사전 ... 116
  초등 과학 3-1 동물의 생활

4장 오싹한 곤충 이야기

- 10화 아찔한 개미지옥을 만드는 개미귀신! ... 120
- 11화 벌레잡이 식물 파리지옥, 곤충을 공격하라! ... 132
- 12화 하늘소 애벌레는 어쩌다 사고를 쳤을까? ... 140
- 제발돼라 지식 쏙쏙 곤충 사전 ... 152
  초등 과학 4-2 생물과 환경

제발돼라 곤충 퀴즈 왕 ... 154

프롤로그
화니의 엉뚱한 비밀

1화
배추흰나비가 날갯짓을 하기까지 일어나는 일!

오늘은 나비를 찾으러 산에 왔어요!

꽃 위에서 꿀을 빨아 먹는 나비의 정체는?

헤헤~ 오늘따라 더 꿀맛이야!

배추흰나비

어라? 사람 손에도 자연스럽게 날아오네요.

살포시

곤충의 한살이를 쏙쏙 관찰하기 위해서 배추흰나비의 알을 부화시켜 보려고 해요!

팔랑 팔랑

과연 부화시킬 수 있을까?

다른 알에서도 애벌레가 나오고 있어요.

으쌰! 으쌰! 나도 얼른 나갈래!

꾸물 꾸물

먼저 나온 애벌레는 벌써 이파리를 뜯어 먹고 응가도 하기 시작했어요.

냠 냠

우아~ 맛있다!

애벌레 똥

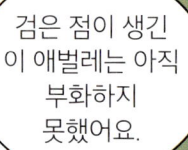

검은 점이 생긴 이 애벌레는 아직 부화하지 못했어요.

오물 오물

그때, 먼저 태어난 애벌레가 알을 뜯어 먹기 시작합니다.

배고프니까 이것도 먹어야지!

배추흰나비 애벌레는 천적이 많아서 어른벌레가 될 확률이 매우 낮은데,

그들의 첫 번째 천적은 바로 그들 자신이네요.

순식간에 먹어 치운 애벌레!

다행히 애벌레들은 이곳 환경에 잘 적응하고 있어요.

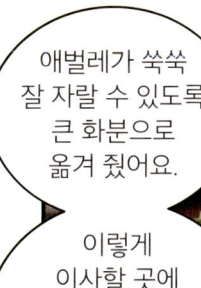

* 수분: 수술의 꽃가루가 암술머리에 붙는 것.

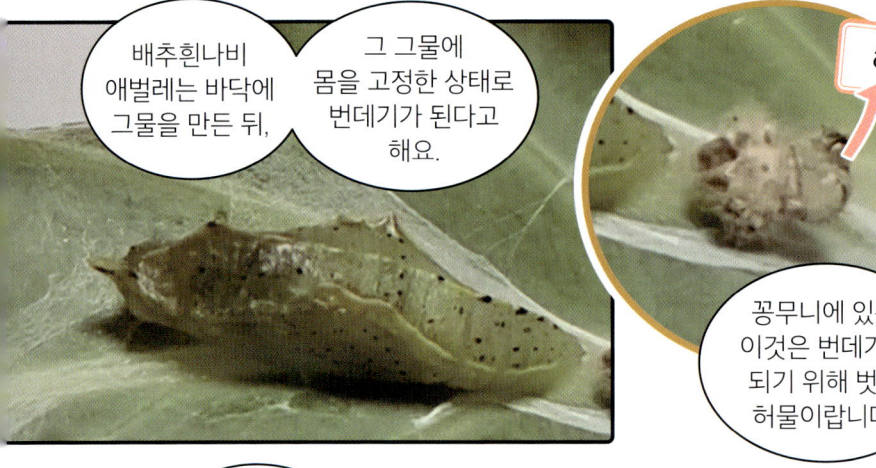

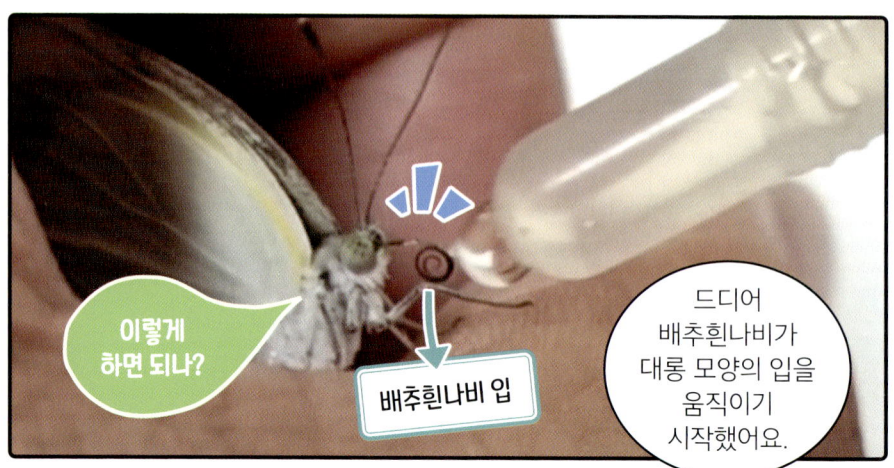

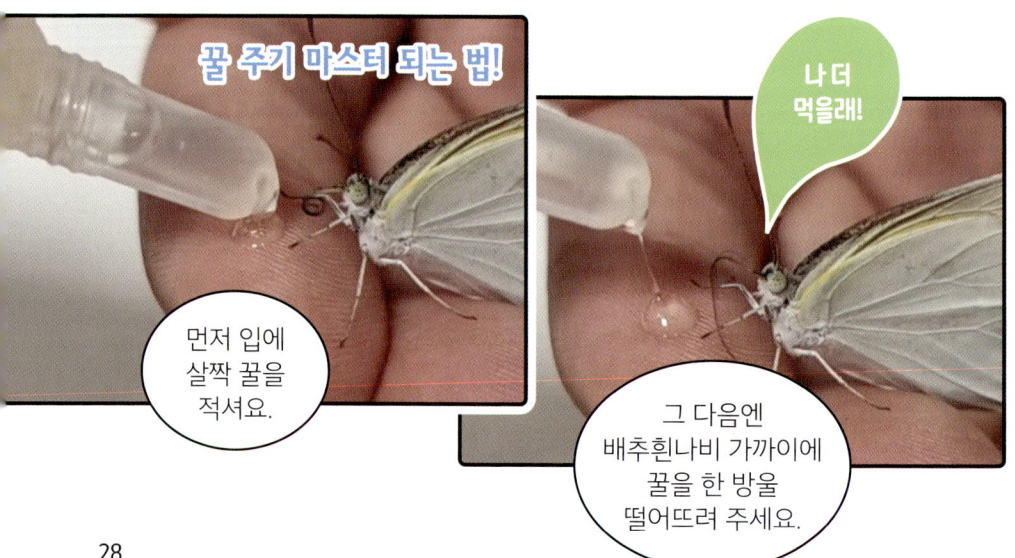

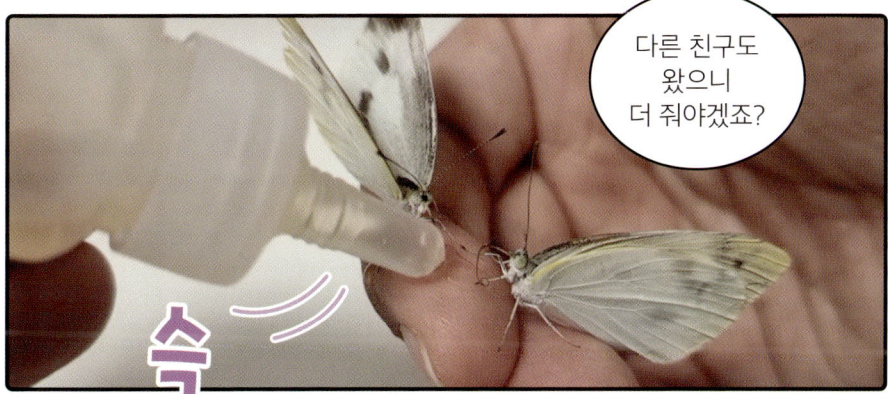
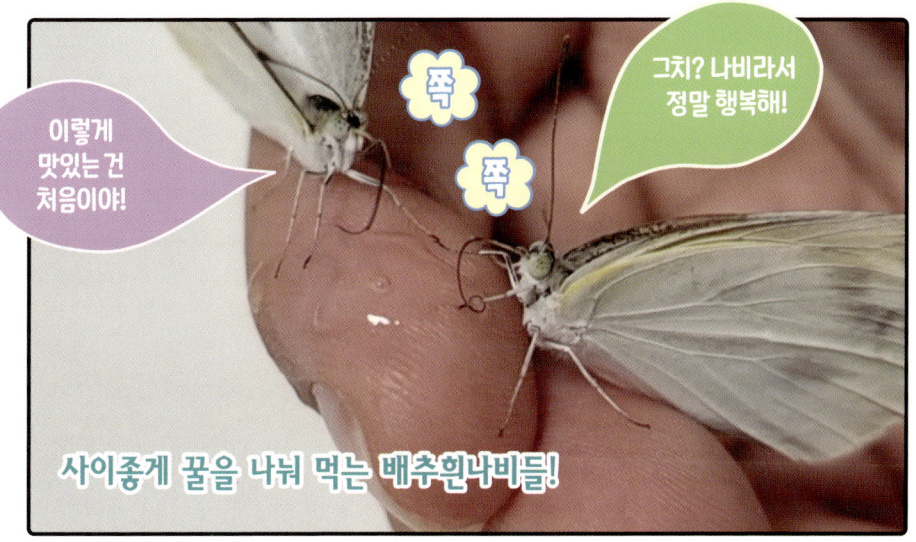

no. 001

BASIC ★☆☆

배추흰나비 *pieris rapae*

- **분　　류**　나비목 흰나비과
- **크　　기**　39~52mm
- **먹　　이**　꽃꿀 등
- **출현 시기**　3월~11월
- **서 식 지**　들판, 낮은 산지
- **특　　징**　애벌레 시기에는 배추나 무 같은 작물의 잎을 갉아먹어 많은 피해를 끼치므로 해충으로 분류된다. 이는 어른벌레 시기에는 해당하지 않으며, 어른벌레는 식물의 수분을 도우므로 익충으로 분류되기도 한다.

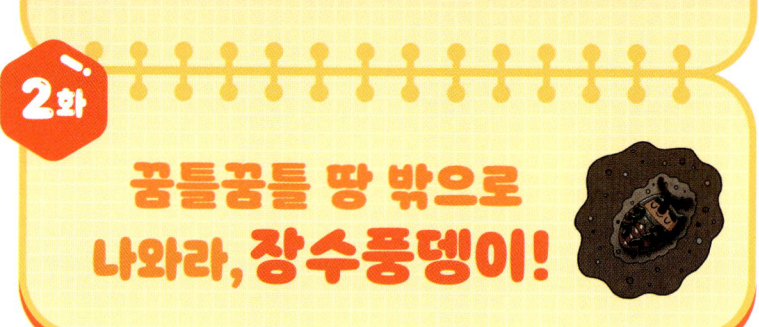

다음 날

우아~ 여러분, 보여요? 번데기가 됐어요!

몸의 빛깔도 어두워지고, 애벌레의 모습도 사라졌네요.

짜 잔

번데기로 변신!

길 쭉

뿔이 긴 걸 보니 장풍이는 수컷이에요.

장수풍뎅이와 사슴벌레의 암수 구별법

장수처럼 크고 힘이 세서 '장수'라는 단어가 붙은 장수풍뎅이는 코뿔소처럼 쭉 뻗은 뿔의 유무로 암컷과 수컷을 구별할 수 있어요. 장수풍뎅이 외에도 생김새로 암수를 구별할 수 있는 곤충이 있는데, 바로 사슴벌레예요. 집게 모양의 큰턱이 길고 크면 수컷, 짧고 작으면 암컷이랍니다. 그리고 수컷과 다르게 암컷은 배에 잔털이 나 있어요.

꿈틀

오~ 움직인다!

꿈틀

여러분은 지금 위아래로 상하 운동을 하는 장면을 보고 있습니다!

no. 002

BASIC ★☆☆

장수풍뎅이 allomyrina dichotoma

분 류	딱정벌레목 풍뎅이상과
크 기	몸길이 약 30~85mm
먹 이	오래된 나무의 진
출현 시기	7월~9월
서 식 지	낙엽 활엽수림
특 징	우리나라에 사는 풍뎅이 중 가장 몸집이 크다. 머리에 난 긴 뿔이 특징인데, 이 뿔은 오직 수컷에게서만 관찰할 수 있다. 수컷은 맛있는 먹이와 암컷을 차지하기 위해 뿔로 다른 수컷을 공격하기도 한다.

3화 왕잠자리 애벌레는 물속에서 산다고?

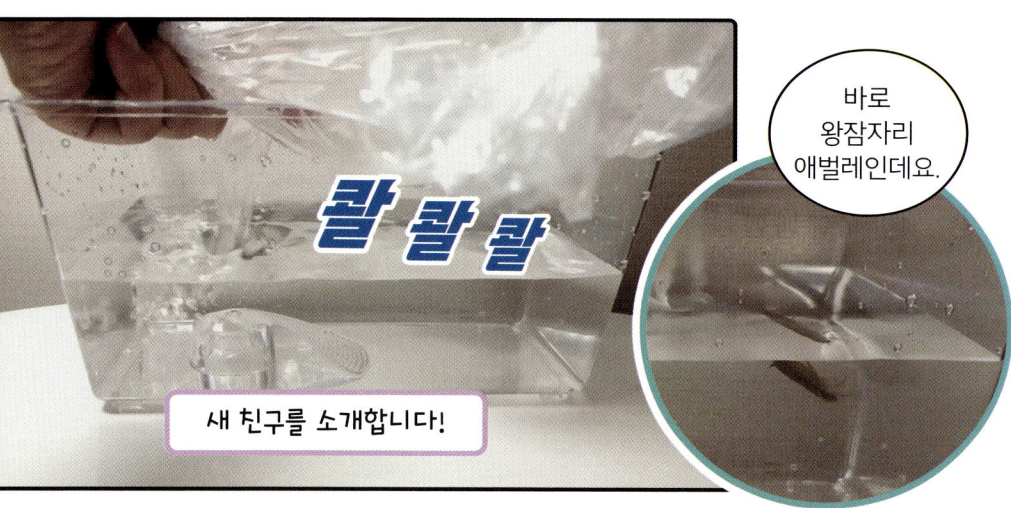

콸콸콸

새 친구를 소개합니다!

바로 왕잠자리 애벌레인데요.

짠 짠

여기는 어디…?

어리둥절

왕잠자리 애벌레는 처음이지?

크기는 어른의 새끼손가락 정도랍니다.

* 수채: 잠자리의 애벌레.

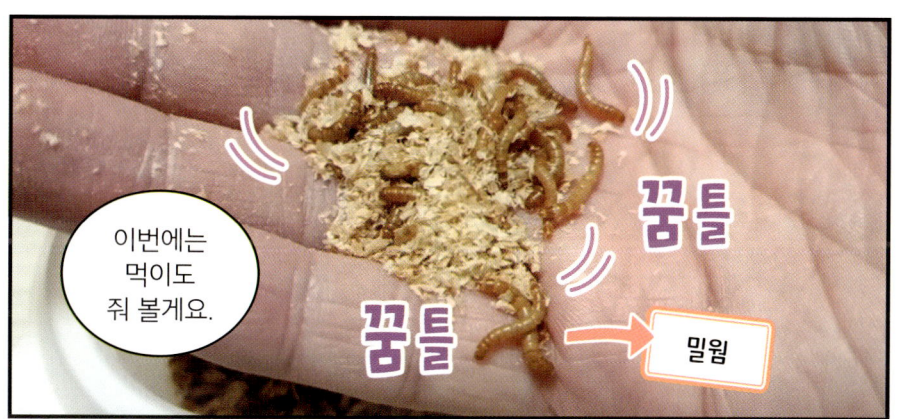

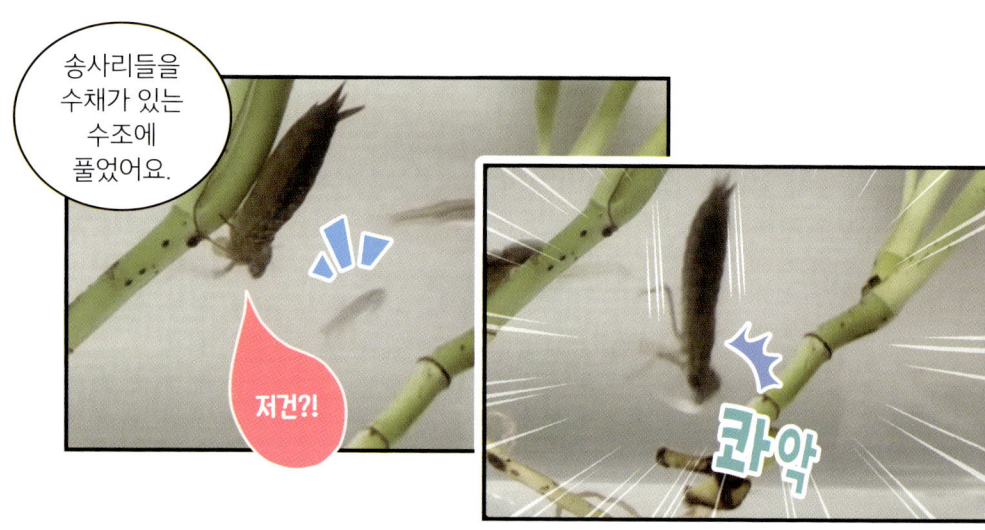

두 친구 모두 사냥 솜씨가 뛰어납니다.

다음 날

왕잠자리 수채들이 송사리를 다 잡아먹었어요.

이번에는 왕잠자리 수채에게 물새우를 줘 볼게요.

물새우

안녕?

물새우를 사냥할 생각이 없어 보여요.

역시나 물새우도 사냥해서 잘 먹네요!

이 세상엔 맛있는 게 너무 많아!

냠 냠

며칠 뒤

잠 잠

수채 두 마리 중 한 녀석이 며칠 동안 먹이를 먹지 않았어요.

걱정이 돼서 다른 물통에 옮겨 놓았는데,

잠시 후 놀라운 일이 생겼답니다.

왜 그래? 어디 아파?

짜잔! 나 *탈피했어!

터 엉

왕잠자리 수채 탈피 완료!

이제 막 탈피를 마친 수채는 온몸이 초록색이에요.

왕잠자리 수채는 탈피를 무려 10~15회나 한다고 해요.

* 탈피: 곤충이 자라면서 허물이나 껍질을 벗는 것.

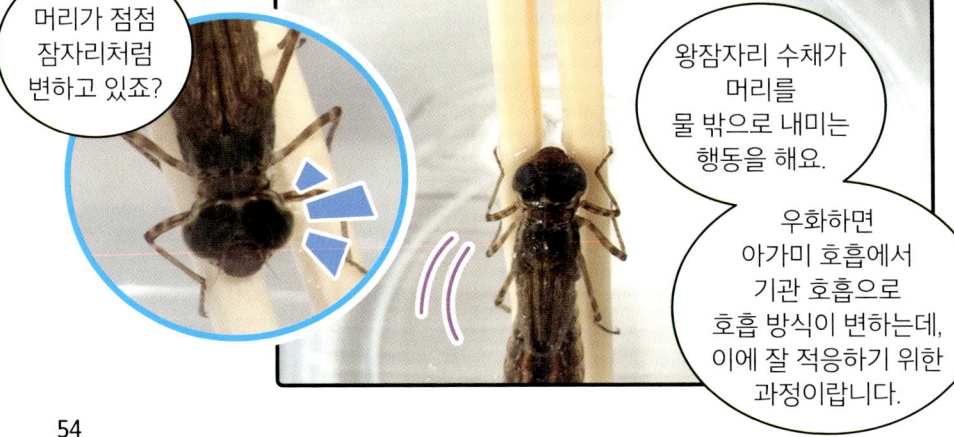

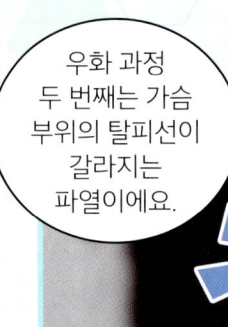

우화 과정 두 번째는 가슴 부위의 탈피선이 갈라지는 파열이에요.

탈피선이 점점 갈라지는 모습이 보이죠?

쩌억

머리를 꺼내자 큰 눈이 모습을 드러냈어요.

끙차!

쑤욱

잠자리 눈의 비밀

잠자리의 눈은 두 개의 겹눈과 세 개의 홑눈으로 이루어져 있어요. 머리의 대부분을 차지하는 커다란 겹눈으로 잠자리는 거의 모든 방향을 볼 수 있답니다. 또, 겹눈을 이루는 낱눈은 약 3만 개에 이른다고 해요. 낱눈으로 잠자리는 각각 다른 방향의 미세한 움직임을 동시에 감지할 수 있습니다.

우아! 드디어 몸을 다 꺼냈어요.

이제 다리가 굳을 때까지 잠시 동안 이 상태로 휴식을 취해요.

거의 끝이 보이는 왕잠자리 수채의 우화!

no. 003

BASIC ★☆☆

왕잠자리 anax parthenope

- **분류** 잠자리목 왕잠자리과
- **크기** 뒷날개 길이 약 50~55mm
- **먹이** 여러 가지 곤충 등
- **출현 시기** 4월~10월
- **서식지** 물가
- **특징** 우리나라 곳곳에서 발견할 수 있다. 애벌레 시절을 물속에서 지내다가 물 밖으로 나와 우화한다. 교미를 마친 암컷과 수컷이 서로 떨어지지 않고 날아다니다, 수생 식물에 산란관을 꽂고 알을 낳는다.

곤충의 한살이를 탐구해 볼까요?

초등 과학 3-1 생물의 한살이

동물이나 식물이 태어난 뒤, 쑥쑥 자라 자손을 남기고 죽을 때까지의 과정을 한살이라고 해요. 그중 곤충은 알에서 나온 뒤, 애벌레와 번데기 단계를 지나 어른벌레가 되는 한살이 과정을 거쳐요. 하지만 모든 곤충이 동일한 과정에 따라 어른벌레가 되는 것은 아니랍니다. 그 차이는 바로 번데기 단계를 거치느냐, 아니냐에 달려 있어요. 그러면 지금부터 곤충의 한살이에 대해 더 자세히 알아볼까요?

Q 완전 탈바꿈이란?

A 곤충의 한살이 과정 중에서 번데기 단계를 거치는 것을 완전 탈바꿈이라고 해요. 이때, 탈바꿈이란 곤충이 자라면서 모양이나 형태를 바꾸는 것을 말하지요. 앞서 살펴보았던 배추흰나비는 알에서 나온 뒤, 애벌레와 번데기 단계를 거쳐 아름다운 날개를 자랑하는 어른벌레로 성장했어요. 이처럼 완전 탈바꿈을 하는 곤충은 처음 알에서 나왔을 때의 모습과 다 자란 모습이 전혀 다르다는 특징이 있답니다.

무당벌레 알

애벌레

번데기

어른벌레

흥미 팡팡 곤충 이야기

Q 불완전 탈바꿈이란?

A 곤충의 한살이 과정 중에서 번데기 단계를 거치지 않은 것을 불완전 탈바꿈이라고 해요. 불완전 탈바꿈을 하는 곤충의 애벌레는 약충이라고 부르기도 하는데, 기억해 두면 좋겠죠? 불완전 탈바꿈을 하는 곤충은 갓 태어난 애벌레와 다 자란 어른벌레의 모습이 비슷하다는 특징이 있어요. 하지만 앞서 살펴보았던 왕잠자리처럼 애벌레와 어른벌레의 모습이 다른 곤충도 있답니다.

사마귀 알 　 애벌레 　 어른벌레

▶ 흥미 팡팡 곤충 이야기

하루살이는 정말 하루만 살까요?

여러분은 여름 밤 켜진 조명등 주위로 모여드는 하루살이를 본 적이 있을 거예요. 하루살이를 보며 '이름처럼 정말 하루만 살까?'라는 생각을 한 친구도 있을 거고요. 하루살이는 짧게는 몇 달에서 길게는 몇 년까지 물속에서 애벌레로 지내다 완전히 자라 어른벌레가 되면 물 밖으로 나오기 때문에, 애벌레 단계를 합하면 꽤 오래 산다고 말할 수 있답니다.

물 밖으로 나온 하루살이는 짝짓기를 하는데, 짝짓기를 마친 수컷은 바로 죽고, 암컷도 물가로 가서 알을 낳고는 곧 죽어 버려요.

2장
곤충들의 식사 시간

4화 호박벌에게 꿀을 주면 생기는 일!

여기는 어디? 나는 누구?

새로운 친구의 정체는?

조심조심 살펴보도록 할게요!

스윽

이 친구는 어리호박벌이에요. 개구쟁이 캐릭터 느낌이 나네요.

짜 잔

어리호박벌

뭘 봐? 귀여운 거 처음 봐?

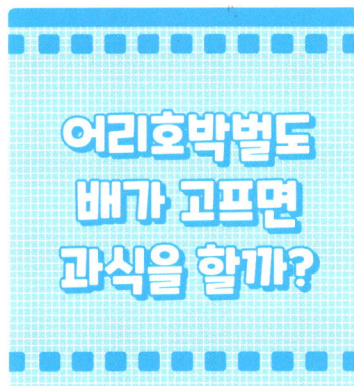

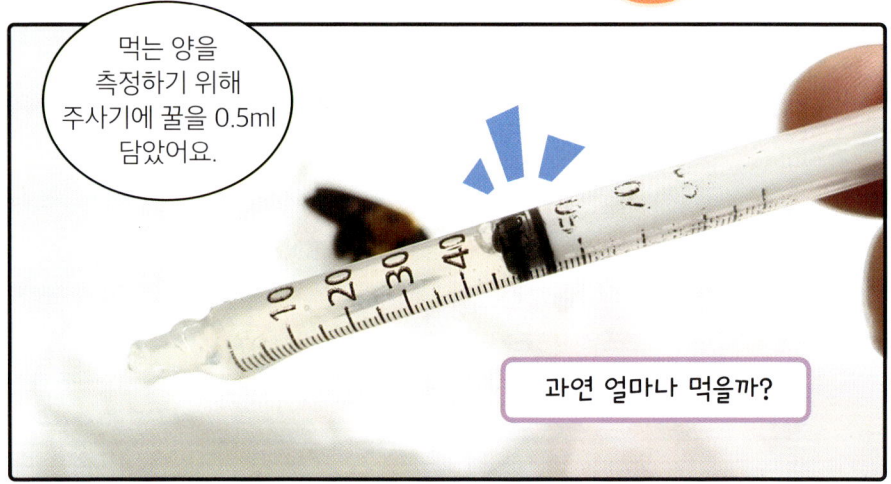

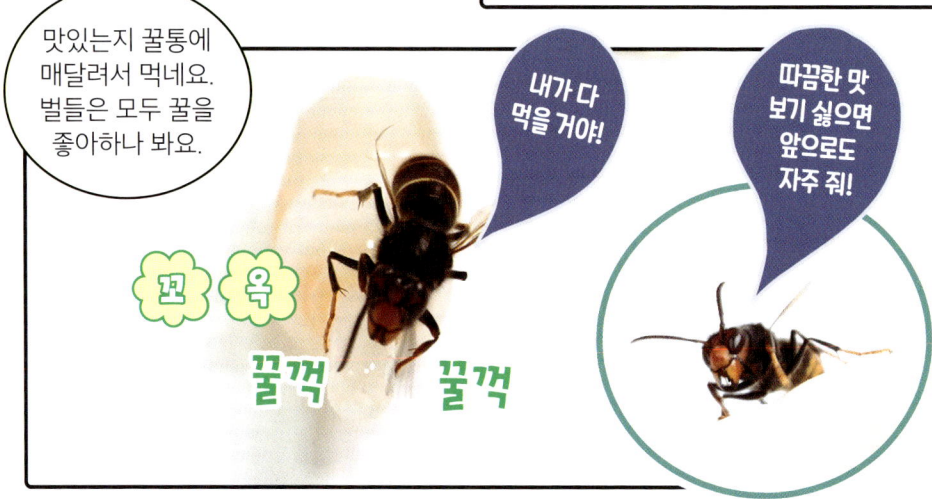

no. 004

BASIC ★☆☆

어리호박벌 xylocopa appendiculata circumvolans

분 류	벌목 꿀벌과
크 기	몸길이 약 20mm
먹 이	꽃꿀 등
출현 시기	5월~8월
서 식 지	들판, 숲
특 징	머리와 가슴 밑면, 다리에는 긴 털이 빽빽하게 나고, 반대로 정수리와 등판의 털 길이는 짧은 편이다. 호박벌보다 훨씬 크고 뚱뚱해서 나는 모습이 꽤 위협적으로 보인다.

5화 호랑거미는 어떻게 사냥을 할까?

여름에는 다양한 곤충들을 만날 수 있어요.

안녕?

표범나비

날씨 좋다!

방아깨비

그중에서도 여름 하면 가장 먼저 떠오르는 곤충은 바로 매미입니다.

날 빼놓을 수 없지!

난 너무 더워~!

벚나무사향하늘소

매미

여름이 되면 나무줄기 등에서 매미의 허물을 쉽게 찾아볼 수 있어요.

매미 허물

여름이라는 확실한 증거!

매미를 잡아 볼게요.

덥석

매미가 우는 소리는 무척 커서 이 소리에 자신의 청각이 훼손될 수 있다고 해요.

그래서 매미는 청각을 켜고 끌 수 있는 재주가 있대요.

맴 맴

이거 놔!

요란한 소리를 내는 매미

또, 발음기가 있는 수컷만 소리를 낼 수 있다고 합니다.

암컷은 발음기가 없어서 아무 소리도 낼 수 없대요.

더 시끄럽게 운다?!

매미가 우는 이유

수컷 매미의 배 안쪽에 있는 브이자 모양의 굵은 근육을 발음기라고 해요. 이 근육을 연달아 수축하고 이완하면서 저마다 독특한 울음소리를 내지요. 수컷 매미는 번식기가 되면 발음기를 이용해 큰 소리로 울며 자신의 짝을 찾는데, 소리를 크게 낼수록 암컷에게 인기가 많다고 해요.

이 친구는 소리를 내는 걸 보니 수컷이네요.

**두 번째 대결!
호랑거미 VS 꽃매미**

거미는 곤충일까?

거미를 곤충이라고 생각하기 쉽지만, 사실 거미는 곤충이 아니에요. 그 이유는 거미가 곤충의 조건을 갖추지 못했기 때문이에요. 곤충은 몸이 머리, 가슴, 배로 나뉘고, 한 쌍의 더듬이, 세 쌍의 다리, 두 쌍의 날개가 있는 생물을 말해요. 하지만 거미는 몸이 머리, 가슴과 배로 나뉘고, 날개도 없을뿐더러 다리는 네 쌍이나 돼요. 그래서 거미는 거미강으로 따로 분류한답니다.

no. 005

BASIC ★☆☆

호랑거미 argiope amoena

- 분　류) 거미목 왕거미과
- 크　기) 몸길이 약 5~25mm
- 먹　이) 여러 가지 곤충
- 출현 시기) 6월~9월
- 서 식 지) 창고, 냇가, 호수 등
- 특　징) 세로로 긴 거미그물을 친 뒤, 먹이가 걸리기를 기다린다. 거미그물에 먹잇감이 걸리면 재빨리 이동해 둘둘 말아 잡아먹는다. 여름이 오면 알 주머니를 낳는데, 그 알 주머니에는 약 1,000개 이상의 알이 들어 있다.

no. 006

BASIC ★☆☆

왕사마귀 tenodera sinensis

- **분　　류**　사마귀목 사마귀과
- **크　　기**　몸길이 약 70~95mm
- **먹　　이**　여러 가지 곤충 등
- **출현 시기**　8월~10월
- **서 식 지**　들판, 산지
- **특　　징**　몸 크기가 크고, 몸 색깔은 녹색 또는 갈색이다. 암컷은 수컷에 비해 덩치가 크며, 겨울이 다가오면 거품 같은 알집에 싸인 알을 낳는다. 이 알집이 굳어진 상태로 겨울을 보낸다.

 제발돼라 | 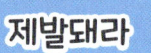 지식 쑥쑥 곤충 사전 | Q&A

곤충은 무엇을 먹고 살까요?

초등 과학 3-1 동물의 생활

동물은 척추, 즉 등뼈의 유무에 따라 등뼈가 있는 척추동물과 등뼈가 없는 무척추동물로 분류할 수 있어요. 무척추동물에 속하는 곤충은 몸이 여러 개의 마디로 구성되어 있어 절지동물이라고 불린답니다. 지구에 존재하는 동물의 약 80%가 절지동물이므로, 곤충은 지구 상의 동물 중 가장 많은 수를 차지하고 있는 셈이에요. 이처럼 종류가 다양한 만큼 곤충은 각기 다른 식성을 가지고 있는데, 지금부터 곤충의 먹이에 대해 더 자세히 알아볼까요?

Q 육식성 곤충이란?

A 다른 종의 곤충이나 올챙이 등 작은 동물질을 잡아먹는 곤충을 말해요. 대상을 직접 사냥하는 곤충은 물론, 다른 동물의 몸에 기생하며 숙주를 야금야금 먹어 치우는 기생성 곤충도 이에 속하지요.

작은 벌레를 잡아먹는 잠자리

Q 초식성 곤충이란?

A 뿌리, 가지, 잎, 열매 등 식물의 다양한 부위를 먹고 사는 곤충을 말해요. 꽃가루나 꽃꿀을 먹는 곤충은 물론, 잎을 갉아 먹거나 수액을 빨아 먹는 곤충도 이에 속하지요.

꽃꿀을 먹는 나비

흥미 팡팡 곤충 이야기

Q: 잡식성 곤충이란?

A: 동물질과 식물질을 가리지 않고 먹을 수 있는 곤충을 말해요. 이 곤충들은 살아 있는 동식물은 물론, 다른 곤충의 사체를 먹을 수도 있어 생존에 유리하답니다.

먹이를 가리지 않는 귀뚜라미

Q: 부식성 곤충이란?

A: 동물의 배설물이나 썩은 동식물을 먹고 사는 곤충을 말해요. 이 곤충들은 크게 배설물과 사체를 먹는 무리와 썩어 가는 식물을 먹는 무리로 분류할 수 있답니다.

똥을 양분으로 삼는 소똥구리

> 흥미 팡팡 곤충 이야기

모든 모기는 피를 먹고 살까요?

여름철의 불청객 하면 떠오르는 대표적인 곤충, 바로 모기예요. 모기에 물리면 무척 간지럽고 피부가 빨갛게 부어오르지요. 그렇다면 모든 모기가 사람이나 동물의 피를 빨아 먹는 걸까요? 사실 피를 빨아 먹는 것은 산란기의 암컷 모기뿐이에요. 피에는 모기의 알을 잘 자라게 하는 동물성 단백질이 포함되어 있어, 피를 많이 먹을수록 더 많은 알을 낳을 수 있거든요. 이외의 모기들은 꽃꿀이나 나무의 수액, 과일의 즙 등을 먹고 살기 때문에 사람들에게 큰 피해를 주지 않는답니다.

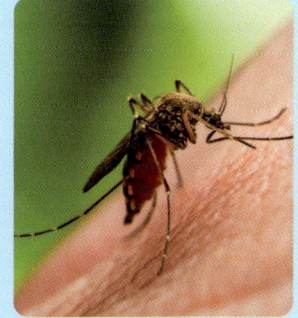

7화 개미는 어떻게 이사를 할까?

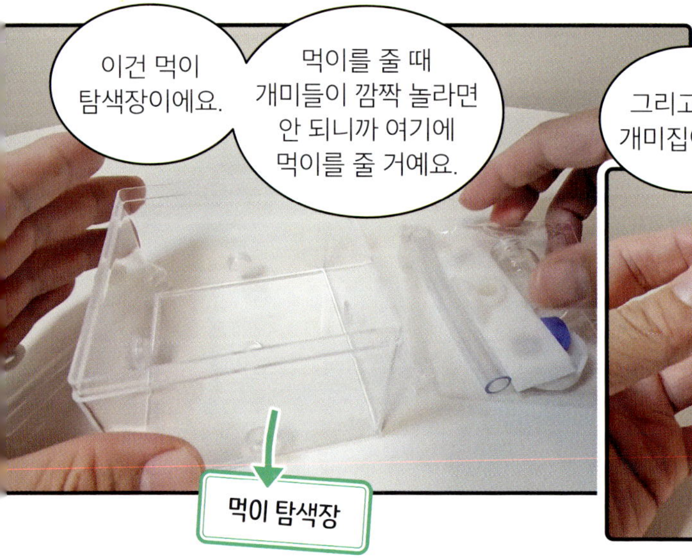

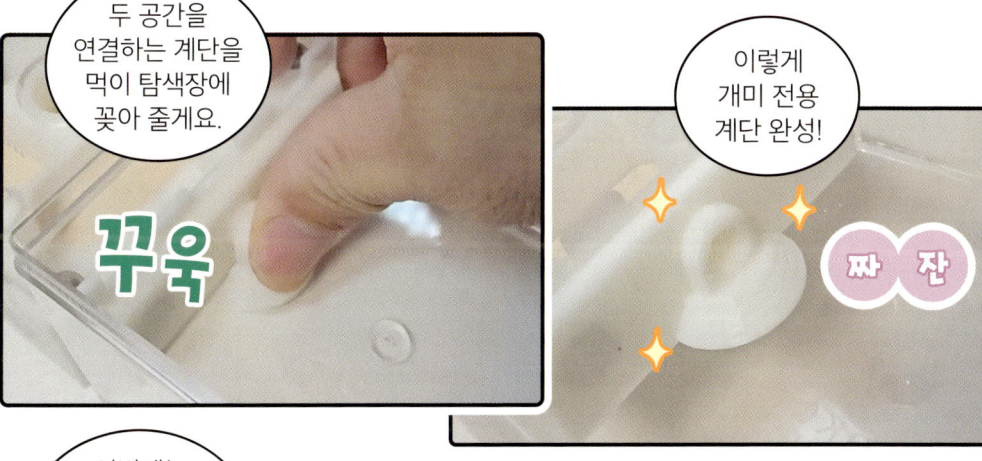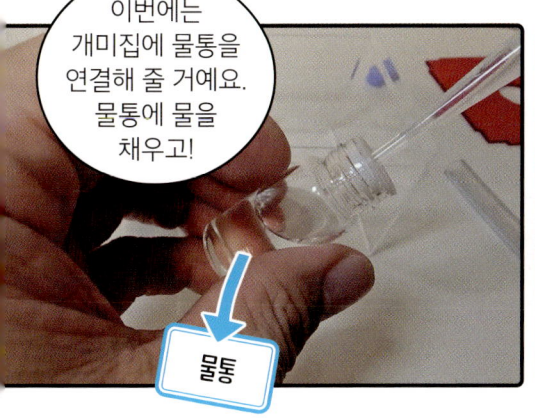

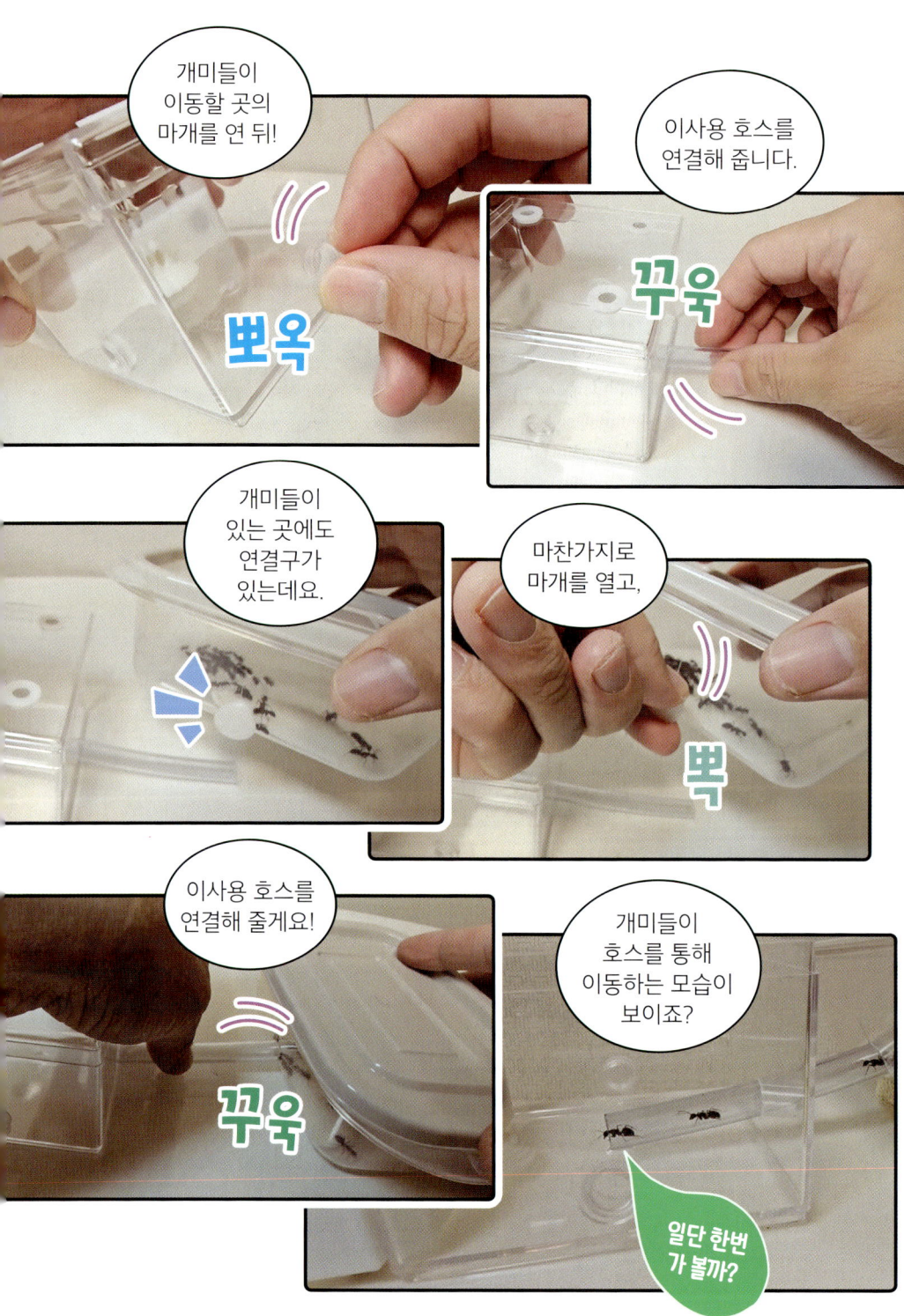

개미들의 세상

개미집에는 여왕개미, 일개미, 수개미가 살고 있어요. 개미 집단의 우두머리인 여왕개미는 알을 낳을 수 있으며, 무리 중 크기가 가장 커요. 일개미는 모두 암컷이지만 알을 낳지 않아요. 대신 애벌레를 돌보거나 집을 짓는 일, 밖을 정찰하거나 먹이를 모으는 일 등을 하지요. 마지막으로 수개미는 여왕개미와 짝짓기를 한답니다.

최고의 사회성을 보여 주는 개미들!

no. 007

BASIC ★☆☆

개미 formicidae

- **분　류**　벌목 개미과
- **크　기**　약 2~10mm
- **먹　이**　과일, 꿀, 여러 가지 곤충 등
- **서식지**　땅속, 숲, 마을 등
- **특　징**　페로몬, 촉각, 청각을 이용해 자기가 속한 무리의 개미들과 의사소통을 한다. 개미의 수명은 종류에 따라 매우 다른데 여왕개미는 5~10년, 일개미는 약 1년, 수개미는 약 6개월 정도이다.

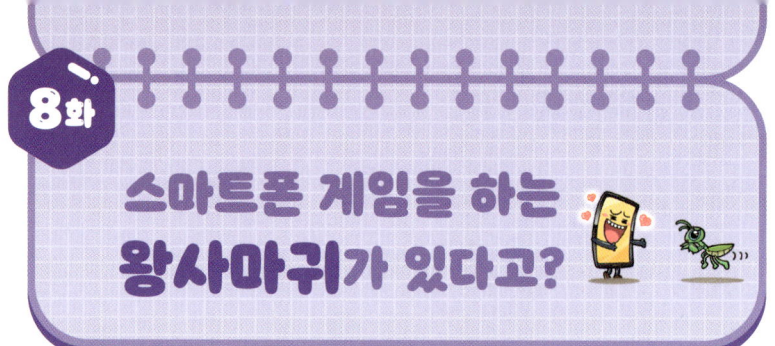

8화 스마트폰 게임을 하는 왕사마귀가 있다고?

먹이를 사냥하는 사마귀를 위해 밀웜을 준비했어요!

밀웜

뜨거운 사마귀 맛 좀 볼래?

좌악

엄청난 사냥 실력!

여기서 잠깐! 사마귀는 스마트폰 화면 속 벌레도 잘 잡을까요?

냠 냠

스마트폰? 그게 뭐야?

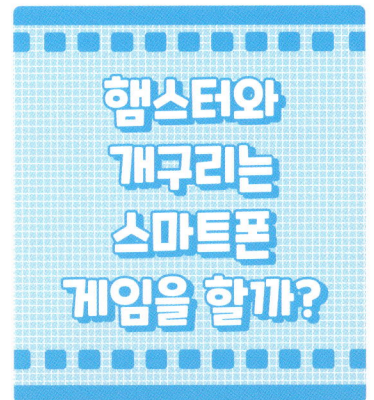

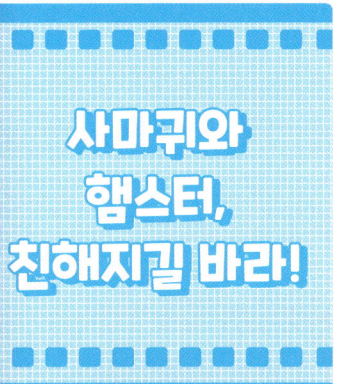

곤충의 잠

벌이나 개미 같은 곤충들도 잠을 잔다고 해요. 하지만 이 잠의 의미는 우리가 잠을 자는 것과는 조금 다르다고 합니다. 곤충의 잠은 동작을 멈추고, 소음이나 외부 자극에 대한 반응이 느려지는 상태를 말해요. 즉, 몸을 움직이지 않고 휴식을 취하는 휴식기라고 생각하면 된답니다.

곤충의 사계절을 관찰해 볼까요?

초등 과학 3-1 동물의 생활

눈을 돌리면 우리 주변에서도 언제든 쉽게 찾아볼 수 있는 동물이 바로 곤충입니다. 현재까지 알려진 곤충이 약 100만 종에 이를 만큼, 곤충은 지구 상에 존재하는 동물 중 가장 많은 수를 차지하지요. 그래서 각 계절마다 만날 수 있는 곤충의 종류도 매우 다양하답니다. 봄을 시작으로, 여름과 가을을 지나 겨울이 올 때까지 곤충들은 수많은 변화를 겪으며 한 해를 보내게 됩니다. 지금부터 곤충의 사계절에 대해 더 자세히 알아볼까요?

Q 봄, 곤충의 특징은?

A 봄을 기다리며 겨울을 버틴 곤충들이 잠에서 깨어나는 시기입니다. 봄의 따뜻한 기운이 더해 갈수록 점점 더 많은 곤충들이 활동을 시작한답니다.

봄을 여는 나비

Q 여름, 곤충의 특징은?

A 무덥고 비가 오는 날이 늘어나는 여름은 그야 말로 곤충들을 위한 계절입니다. 곤충들이 활동하기 좋은 날씨이므로 더욱 다양한 곤충을 만날 수 있답니다.

여름을 기다린 매미

흥미 팡팡 곤충 이야기

Q 가을, 곤충의 특징은?

A 우렁찬 풀벌레 소리가 특징적이며, 곤충들이 저마다 부지런히 겨울나기를 준비하는 계절입니다. 가을이 깊어 갈수록 점점 더 곤충들을 보기 어려워진답니다.

추수하면 떠오르는 메뚜기

Q 겨울, 곤충의 특징은?

A 봄부터 가을까지 활동하던 곤충들이 겨울잠을 자느라 자취를 감춘 계절입니다. 곤충들은 알부터 어른벌레까지 다양한 형태로 긴 겨울을 보내게 된답니다.

겨울잠을 자는 사슴벌레 애벌레

▶ 흥미 팡팡 곤충 이야기

겨울에 더 잘 활동하는 곤충이 있을까요?

살아 있는 기간의 일부 또는 전부를 물속에서 보내는 곤충을 수생 곤충이라고 해요. 수생 곤충은 대부분 땅과 맞닿은 계곡, 하천, 호수 등을 터전으로 삼지만, 간혹 바다에서 생활하는 경우도 있어요. 대부분의 곤충이 추위를 피해 겨울나기를 할 때에도 수생 곤충은 물속에서 활발하게 활동해요. 온도가 내려갈수록 물속 산소 농도는 올라가기 때문에, 산소를 확보해 더 쉽게 호흡을 할 수 있기 때문이지요. 겨울 계곡에 가면, 물속에서 집을 짓거나 작은 곤충을 사냥하는 수생 곤충을 쉽게 발견할 수 있답니다.

내 이름은 파리지옥이야!

기다리고 기다리던 파리가 왔다!

어디 한번 먹어볼까?

흐흐흐~ 나 무섭지?

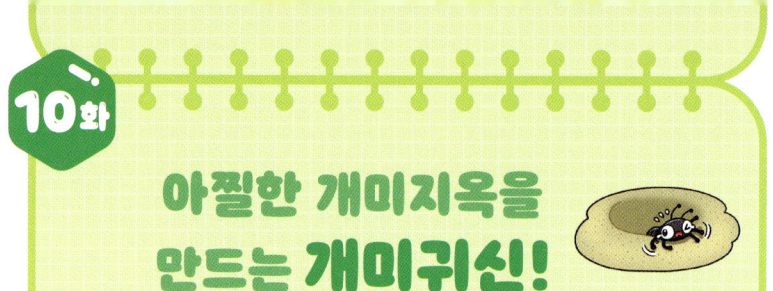

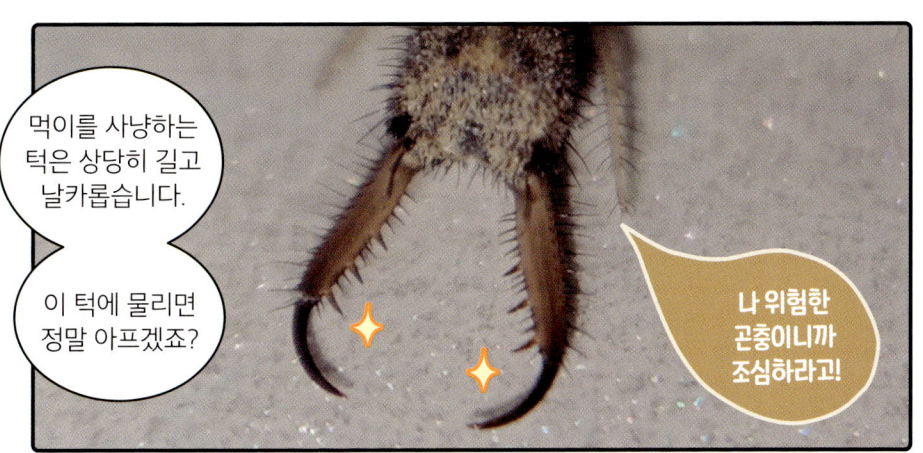

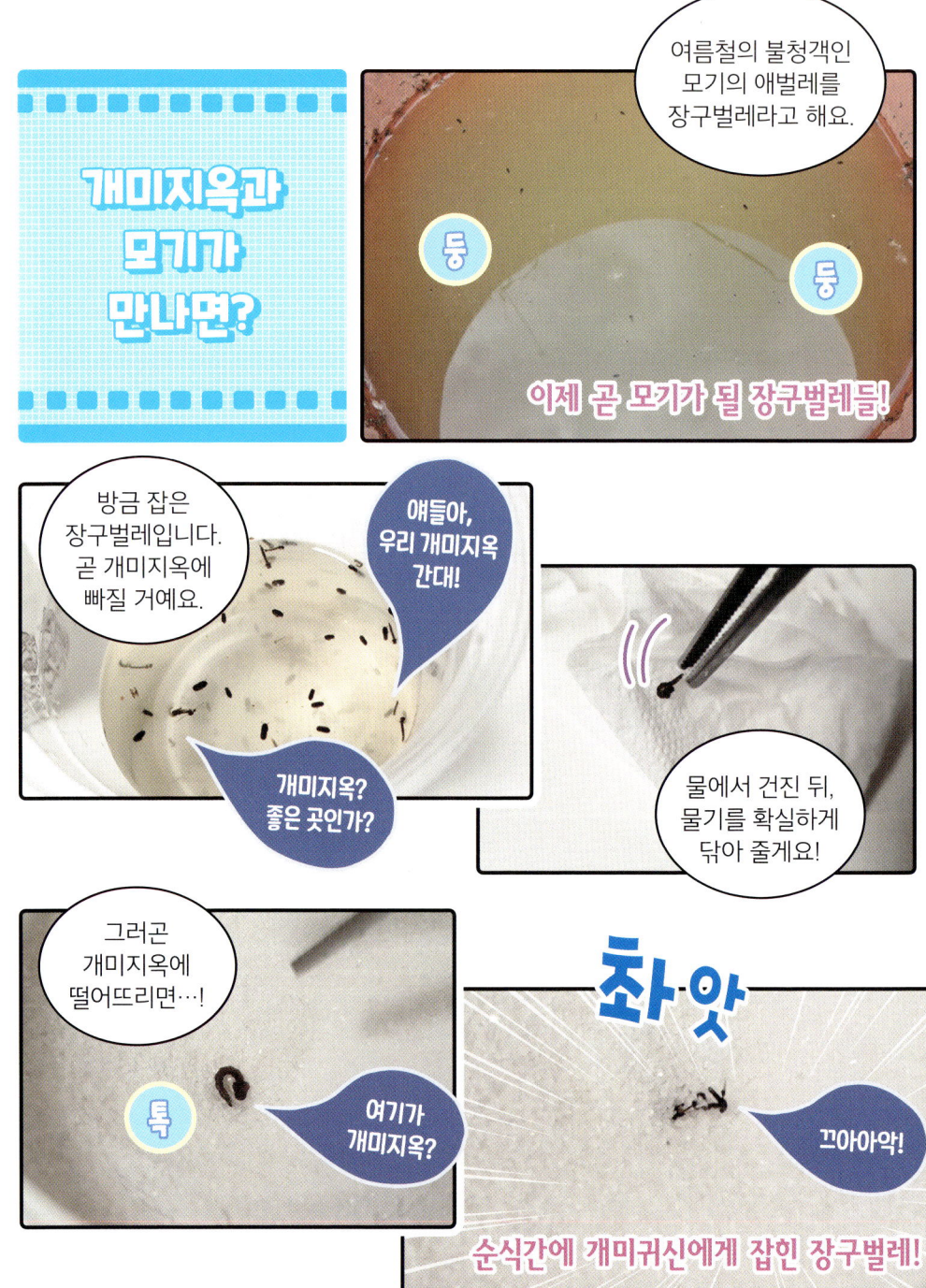

no. 008

BASIC ★☆☆

명주잠자리 hagenomyia micans

분류	풀잠자리목 명주잠자리과
크기	몸길이 약 40mm, 애벌레인 개미귀신은 약 5mm
먹이	여러 가지 곤충
출현 시기	6월~10월
서식지	산지
특징	사진은 명주잠자리의 애벌레이다. 애벌레 시기에는 모래밭에 개미지옥을 만든 뒤, 숨어 있다가 먹잇감이 개미지옥에 발을 디디면 잽싸게 낚아채기 때문에 개미귀신이라고 부르기도 한다.

11화 벌레잡이 식물 파리지옥, 곤충을 공격하라!

다들 만나서 반가워!

여러분, 이건 파리지옥이라는 식물이에요. 곤충을 먹는 벌레잡이 식물 중 하나죠.

다양한 벌레잡이 식물

몇몇 식물은 곤충이나 작은 동물을 잡아먹기도 하는데, 이들을 벌레잡이 식물, 또는 식충 식물이라고 부릅니다. 그들은 곤충 등을 잡아서 소화시킨 뒤, 양분으로 흡수하지요. 대표적인 벌레잡이 식물로는 파리지옥(잎을 여닫을 수 있는 있는 종류), 네펜데스(잎이 주머니 모양으로 변한 종류), 끈끈이주걱(잎에서 점액을 분비하는 종류) 등이 있답니다.

감각모

파리지옥의 내부를 자세히 보면 세 쌍의 *감각모를 관찰할 수 있어요.

무언가가 이 감각모를 건드리면 잎을 닫아 포획한답니다.

* 감각모: 감각 세포가 있어 외부의 자극을 수용하는 털.

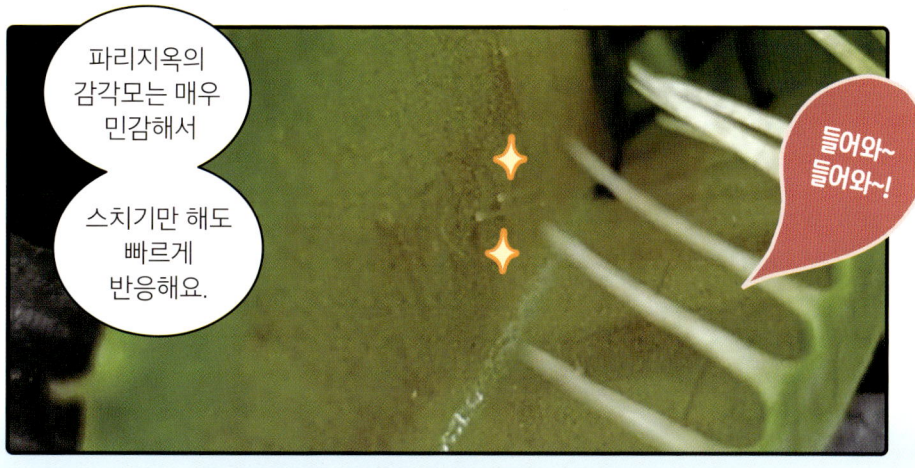

12화 하늘소 애벌레는 어쩌다 사고를 쳤을까?

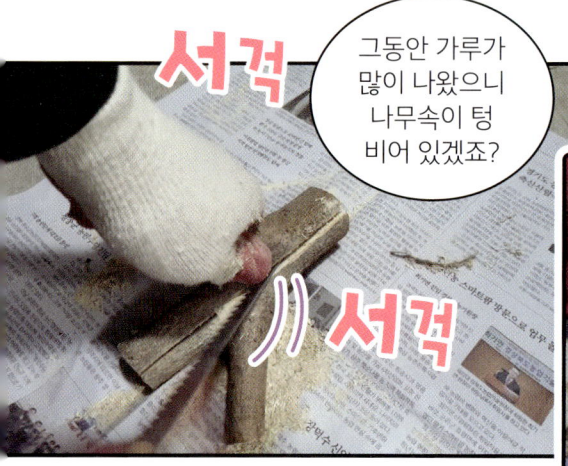

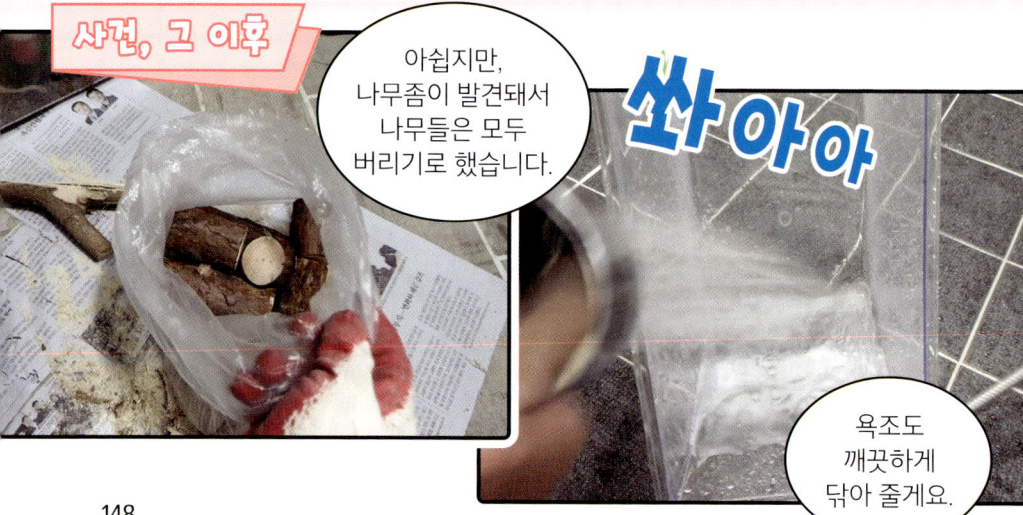

no. 009

BASIC ★☆☆

하늘소 cerambycidae

분 류	딱정벌레목 하늘소과
크 기	약 34~57mm
먹 이	나무껍질, 풀 줄기 등
출현 시기	7월~8월
서 식 지	산지, 숲
특 징	사진은 하늘소 애벌레이다. 수컷의 더듬이는 몸길이의 2배에 달할 정도로 매우 길지만, 암컷의 더듬이는 짧은 편이다. 암컷은 식물에 상처를 낸 뒤, 산란관을 꽂고 알을 낳는다. 알에서 부화한 애벌레는 나무껍질을 갉아먹으며 자란다.

곤충의 다양한 관계를 탐구해 볼까요?

초등 과학 4-2 생물과 환경

지구 상에 살고 있는 모든 생물은 서로 먹고 먹히는 관계를 맺고 있어요. 이런 관계가 마치 사슬처럼 연결되어 있기 때문에 먹이 사슬이라고 부른답니다. 먹이 사슬은 생산자, 1차 소비자, 2차 소비자, 3차 소비자 등의 순서로 연결돼요. 예를 들어 꽃꿀을 먹고 사는 나비는 참새의 먹이가 되고, 참새는 또 독수리에게 잡아 먹히게 되지요. 그런데 곤충들 간에도 먹이 사슬이 있어요. 지금부터 곤충 간의 다양한 관계에 대해 더 자세히 알아볼까요?

Q 공생 관계란?

A 서로 도움을 주고받으며 살아가는 관계를 말해요. 예를 들어 즙을 무척 좋아하는 개미는 진딧물의 꽁무니에서 나오는 즙을 먹는 대신, 무당벌레나 잠자리로부터 진딧물을 보호해 준답니다.

개미와 진딧물

Q 기생 관계란?

A 서로 관계를 맺지만, 어느 한쪽이 일방적으로 이익을 얻는 관계를 말해요. 기생파리는 그 이름처럼 애벌레 시기에 나비, 벌, 노린재 등의 몸에 들어가서 그들의 체액을 먹고 성장한답니다.

기생파리

흥미 팡팡 곤충 이야기

Q 천적 관계란?

A 초식성 곤충과 육식성 또는 잡식성 곤충 사이에는 먹고 먹히는 천적 관계가 형성돼요. 곤충 세계의 최고 포식자 중 하나인 사마귀는 곤충은 물론, 개구리나 도마뱀도 잡아먹는다고 합니다.

잠자리를 사냥하는 사마귀

Q 경쟁 관계란?

A 야생에서 살아남기 위해서 서로 경쟁하는 관계를 말해요. 곤충은 주로 먹이를 두고 경쟁을 하는데, 같은 종류 간의 종내 경쟁과 다른 종류 간의 종간 경쟁으로 구분할 수 있답니다.

나뭇진을 두고 다양한 곤충과 경쟁하는 사슴벌레

흥미 팡팡 곤충 이야기

꿀벌이 사라지면 어떤 일이 벌어질까요?

'꿀벌이 사라지면 인류도 4년 이내에 멸망할 것이다.'라는 말이 있어요. 고작 작은 꿀벌 하나가 사라지는 게 무슨 문제냐고요? 꿀벌은 꿀을 모으기 위해 수많은 꽃을 옮겨 다녀요. 이때, 꿀벌의 몸에 묻은 꽃가루가 다른 꽃으로 옮겨지며 식물의 짝짓기인 수분이 이루어지지요. 즉, 꿀벌은 식물이 열매를 맺을 수 있도록 돕는 큰 역할을 하는 셈이에요. 우리가 먹는 전체 농작물의 약 30% 이상을 꿀벌의 수분 활동에 의존하고 있다고 하니, 꿀벌이 사라진다면 농작물 감소는 물론, 심각한 식량난으로 이어질 수도 있겠지요.

제발돼라 곤충 퀴즈 왕

 아래 보기를 잘 읽고, 빈칸을 채워 가로 세로 퍼즐을 완성해 보세요.

② 곤충이 태어나 자손을 남기고 죽을 때까지의 과정.
④ 똥을 양분으로 이용하는 대표적인 곤충.
⑤ 곤충의 한살이 과정 중에서 번데기 단계를 거치는 것.

① '이름처럼 하루만 살까?' 하는 궁금증이 생기는 곤충.
③ 호박벌보다 훨씬 크며 머리 모양으로 암수를 구별할 수 있는 벌.
⑥ 곤충이 자라면서 껍질을 벗는 것.

2. 문제를 잘 읽은 뒤, 곤충 상식이 맞으면 ○, 틀리면 ×에 체크해 보세요.

① 호랑거미는 곤충이다. ○ ×

② 잠자리는 불완전 탈바꿈을 하는 곤충이다. ○ ×

③ 수컷 모기만 인간의 피를 빨아 먹는다. ○ ×

④ 농작물이 열매를 맺게 돕는 곤충은 익충이다. ○ ×

⑤ 개미귀신은 개미지옥을 만들어 먹이를 사냥한다. ○ ×

3. 문제를 잘 읽은 뒤, 빈칸에 핵심 단어를 써 보세요.

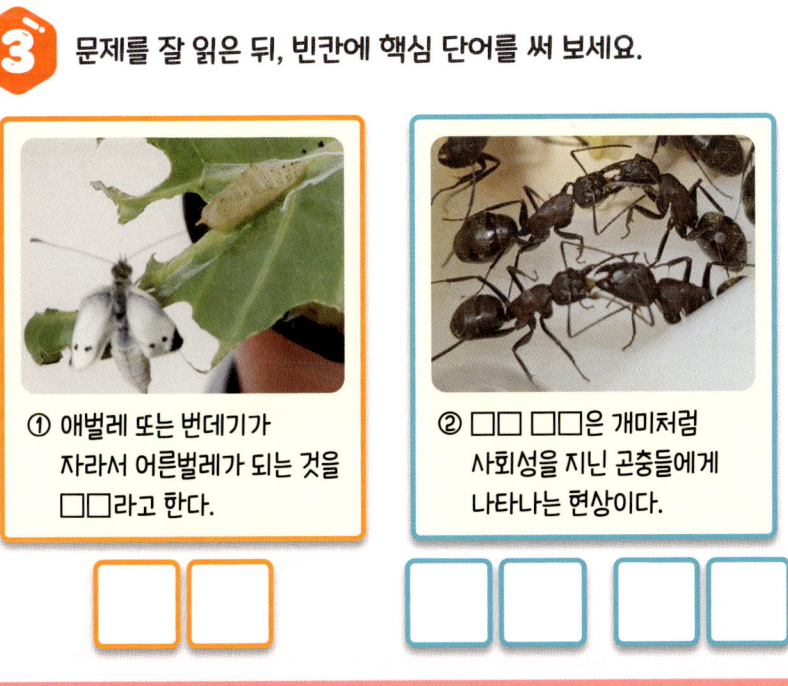

① 애벌레 또는 번데기가 자라서 어른벌레가 되는 것을 □□라고 한다.

② □□ □□은 개미처럼 사회성을 지닌 곤충들에게 나타나는 현상이다.

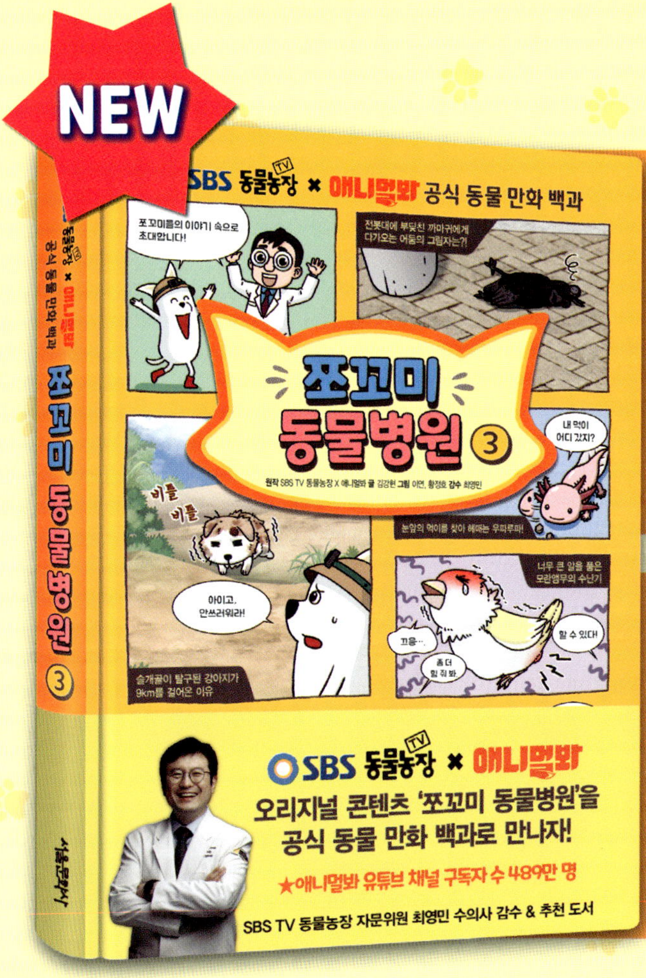

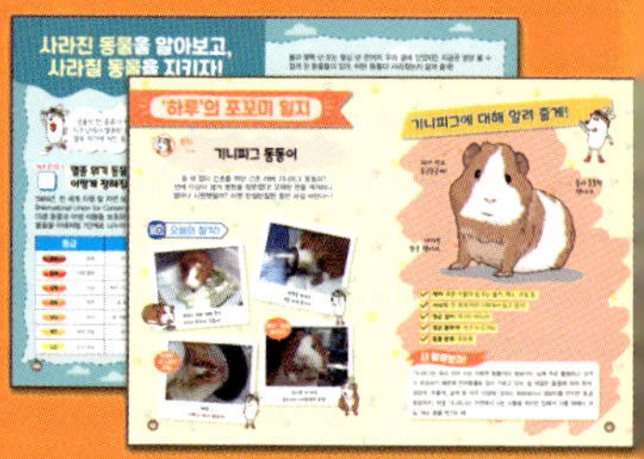

2000만 명 다운로드, 무료게임 인기순위 1위

무한의 계단을
세계사 학습만화로 만나다!

붕괴되기 시작한 무한의 탑으로 인해 뒤죽박죽이 되어 버린 세계사. 하이와 단이, 피니와 함께 역사를 바로잡기 위한 시간 여행이 시작된다.

처음은 이탈리아로 GO!

GO 1 이탈리아 가이드

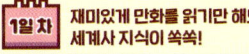
1일차 - 재미있게 만화를 읽기만 해도 세계사 지식이 쏙쏙!

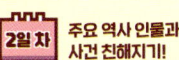
2일차 - 주요 역사 인물과 사건 친해지기!

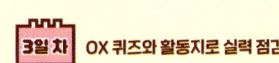
3일차 - OX 퀴즈와 활동지로 실력 점검!
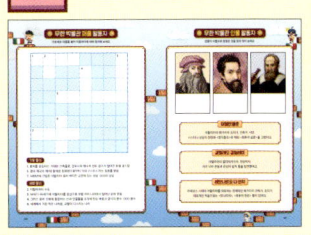

INFINITE STAIRS ⓒ NFLY.S

구입문의 : (02)791-0752 (출판마케팅)

서울문화사

정답

1 ① 하루살이 ② 한살이 ③ 어리호박벌
　　④ 소똥구리 ⑤ 완전탈바꿈 ⑥ 탈피

2 ① × ② ○ ③ × ④ ○ ⑤ ○

3 ① 우화 ② 영양 교환